태초의 소리 · 씨알의 소리

태초의 소리 · 씨알의 소리

초판 1쇄 인쇄 2010년 7월 20일
초판 1쇄 발행 2010년 7월 25일

지은이 | 문승환
펴낸이 | 金泰奉
펴낸곳 | 도서출판 띠앗
등 록 | 제4-414호

편 집 | 박창서, 김주영, 김미란, 이혜정
마케팅 | 김영길, 김명준
홍 보 | 장승윤

주 소 | (우143-200) 서울시 광진구 구의동 243-22
전 화 | (02)454-0492(代)
팩 스 | (02)454-0493
이메일 dditat@dditat.co.kr
홈페이지 www.dditat.co.kr

값 6,000원
ISBN 978-89-5854-077-9 (03810)

*잘못 만들어진 책은 구입하신 서점에서 친절하게 바꿔드립니다

태초의 소리 · 씨알의 소리

문승환 신앙시집

도서출판 따앗

시인의 말

반세기 넘게 숙성된
영혼의 소리
믿음의 소리
황금 광맥을 찾는 발걸음은
신화의 땅
신비의 땅으로
보이지 않는 손에 이끌려 간다

신화의 땅에서 찾은
신비의 동굴
그곳은
씨알을 잉태하고 낳은 곳
이미 빛을 본 3권의 씨알
문전 박대를 겪으면서도
외치고 빛을 발하며
씨알의 소리는
높은 곳의 음성을 전하는 사명감으로
일조를 한다

또한 씨알의 소리는
영적 울림에 대한
시적, 개론적인 서술
혹은
경전의 알짜배기들
무진장한 보화의 발굴
신념의 뿌리에 바탕을 둔
살아있는 생명의 소리이다

문화의 장벽
그것은
잘못 쌓여진
허물어져야 할 벽
때때로
세상과 사람이 받아들이기 힘든
습관의 벽이지만
평강이 깃든
삶의 공간을 이루기 위하여

그 땅에 입문하는 초보자나
무르익어 열매 맺은 자나
용어의 생소함을 친숙함으로
간식거리에서 주식의 먹거리로
묵상의 날개를 넓게 펼쳐 가야 한다

떠나간 자여 돌아오라
방랑의 계곡을 벗어나
은하의 강물이 흐르는
별들의 잔치가 열려 있는 곳으로
이제
알게 모르게 장벽에 갇혀 있는 자들은
덤으로 사는 삶을 버리고
거룩한 영의 영접 속에
참 자유와 평화를 맞이해야 한다

영접하는 자들에게
영원한 생명력이 함께하는

높은 곳의 음성은
태초의 소리·씨알의 소리가 되어
삶의 공간을
생명수의 잔으로 넘치게 하며
우리 곁으로 다가온다

참 자유와 평화를 꿈꾸는 자
생명수의 잔을 먹고 마시므로
진정한 승리의 삶을 쟁취하기를
간절히 소망하고 싶다

문승환

목차

시인의 말 _ 4

1.

중보자(仲保者) _ 15
경외 _ 16
왕국(王國) _ 18
치유 _ 20
인(印)친 자 _ 22
좁은 문·Ⅰ _ 23
이 땅의 사람들·Ⅰ _ 24
찬송·Ⅰ _ 26
새벽·Ⅰ _ 28
본향(本鄕) _ 29
영광·Ⅰ _ 30
긍휼 _ 32
계시 _ 34
예언 _ 37
섭리 _ 38
기적(奇蹟) _ 40
소망 _ 42
에녹 _ 44
엘리야 _ 46
이사야 _ 48

2.

안디옥 _ 57
빌립보 _ 60
갈라디아 _ 62
실로암 _ 64
그리스도 _ 66
은혜 _ 69
십자가 _ 70
영생 _ 72
성령 _ 74
비결(秘訣) _ 76
소명자(召命者) _ 79
드리기만 하면 _ 80
건너가라 _ 82
그물을 던져라 _ 84
좁은 문 · II _ 86
이 땅의 사람들 · II _ 88
새벽 · II _ 91
찬송 · II _ 92
머리 둘 곳 _ 95
양면성 _ 96

3.

순교(殉敎) _ 99
영광·II _ 100
가난한 자 _ 104
원시림 _ 106
황무지 _ 108
생존자 _ 110
갈증(渴症) _ 113
버팀목 _ 114
서울 _ 115
평양 _ 118
한 사람 _ 120
코드(Code) _ 122
가면(假面) _ 123
관문(關門) _ 124
향기 _ 125
룻(룻기, Ruth記) _ 126
외곬 _ 129
자녀 _ 130
골육(骨肉) _ 132
회복 _ 134

4.

믿음의 길 _ 139
발효 _ 140
혼자(單獨) _ 142
소망교회 성도의 묘 _ 144
소망교회 _ 146
동인교회 _ 149
문암교회 _ 152
천국 _ 154
은총 _ 156
성경 _ 158
창조 _ 160
묘비명(墓碑銘) _ 162
사랑 _ 163
예배(禮拜) _ 164
기도 _ 165
선파(宣播) _ 166
새 하늘, 새 땅 _ 168
부활 _ 170
거룩한 영 _ 172
안식(安息) _ 174
태초의 소리 · 씨알의 소리 _ 175

1.
계시는
부서진 자아에게 신념의 둥지를 키워 주고
영혼의 무지개를 펼치게 하며,
하늘의 보석으로 씨알의 꿈을 키워
거룩한 유업의 상속자에게
꿈과 희망의 날개를 펼치게 한다

태초의 소리 · 씨알의 소리

중보자(仲保者)

지은 자가
맺어 준 것
사람이
갈라놓을 수 없다

중보자
그가 부르면
타고 남은 재도
다시금 일어난다

경외

경외는
두려운 마음이 함께하는
존경과 경배의 표현이다

하나님을 경외하는 자
가난한 마음
통회하는 심령
언약의 말씀으로 살아가며
언제나
영광의 보좌와 위엄을
앙망하며 살아간다

창조주를 경외함이
지혜의 근본이며
가장 값진 보화를 받아들인 자는
십자가의 길을 사모하며

마음속 깊은 곳에
즐거움과 기쁨을 담는다
그의 기도와 간구는
높은 곳에 상달되며
화액과 슬픔을
사전에 물러가게 한다

왕국(王國)

왕국이 다가온다
나라의 상징인 왕관을 쓰고서
그들 나라는
땅, 인간, 하늘, 지은 자의 왕국들
몸, 마음, 혼, 영의 왕국들

땅과 인간의 왕국은 말한다
몸의 왕국이 튼튼해야
영혼의 왕국을 맞이할 수 있다고
마음의 생각과 뜻의 왕국이 건전해야
지은 자의 왕국에 오를 수 있다고

하늘, 지은 자의 왕국에서는 들려온다
영혼의 왕국을 찾아가는 자
인간사의 왕국을 뛰어넘어야 한다고
십자가의 왕국을 건너가는 자
세상사의 가면을 벗어야 한다고

그 어느 곳에도 없는
참 자유의 왕국
그 왕국은
지은 자의 손길에 있었으며
그 손길을 찾은 내 안에 있었다

치유

치유자의 목소리는
도처에서
한결같이 들려온다

"네 믿음이 너를 구원하였다
네 믿음대로 되리라
믿음이 적은 자여 왜 의심하느냐
여자야 네 믿음이 크도다
네 소원대로 되리라
두려워 말고 믿기만 하라"

소경이 보고
벙어리, 귀머거리가
말하고 들으며
중풍병자가 일어서는
모든 치유의 권능은
믿음을 전제로 한다

함께 들려오는 소리
"기도 외에 다른 것으로는 이런 유가
나갈 수가 없느니라"
그러므로
언제 어느 곳에서나
치유되기를 바라는 자는
참 기도와 함께
믿음의 터전을
굳건하게 세워야 한다

인(印)친 자

<u>스스로</u>
믿고, 구하고, 찾고
두드린 것이 아니라
인친 자
그가
믿게 하고
구하고
찾고
두드리게 하였다

좁은 문 · I

좁은 문은
십자가
자기부인
희생의 길을
통하는 문이다

좁은 문을
잘 지나가는 자는
믿음의 반석에
이를 수 있다

이 땅의 사람들 · I

씨알 하나에 담긴
진리의 영
생명의 빛이
둥지에 붙어 있지 않으므로
자유와 기쁨
진리와 은혜
사랑과 축복이 함께 머무는
영원한 보금자리를
펼치지 못하고 살아왔다

이 땅의 사람들
그들에게 찾아온 수고와 땀이
지은 자와 코드가 맞지 않으므로
피와 땀이 녹아든 진품(眞品)이
미완의 가품(假品)으로 남아
축복의 통로로 쓰임 받지 못하며
보응과 상급을 잃어버린 채
삶을 이어 오고 있다

태초부터 있는 자를 영접하고
처음부터 있는 말씀을 버리지 않으며
거룩한 영을 영접하므로
이 땅의 사람들은
이제
하늘이 내리는 보화로
제값을 제대로 받으며
기쁨과 감사가 함께하는
축복의 삶을 살아가야 한다

찬송 · I

만민이 기도하는
성전 안에서
들려오는
찬송과 찬양

만물이 갈구하는
자연의 품속에서
들려오는
찬송과 찬양

죽음을 가로질러
저 높은 곳에서
들려오는
찬송과 찬양

우주 만상은
지은 자의 영광을 위한

찬송과 찬양으로
차고 넘친다

새벽 · I

어머니의 새벽기도
무엇을 하든지
창조주 하나님의 영광을 위하여
먹든지 마시든지
이방의 빛으로 오신 자의 영광을 위하여
비가 오나 눈이 오나
어머니의 새벽기도는
한결같이 변함이 없었다

본향(本鄉)

태(胎)에서 나온
유한의 생명체는
십자가의 도를 통하여
무한의 생명체로 거듭나
영원한 본향에 이른다

그곳은
가난, 질병, 전쟁이 없으며
죄악, 어둠, 파멸이 없으며
무지, 탐욕, 이기심이 없으며
······
오로지
희락과 희열이 넘치는
환희의 거처이다

영광 · I

빛나는 영예와 광영으로 오신 자
그는
스스로의 영광을 취하기 위하여
피조물을 영화롭게 한다

만상(萬象)의
지은 자
주권자로
일컬음을 받는 자에게
피조물은 앞 다투어
그 존귀함의 영광을
앙망, 경외, 영접하며
순종과 공경으로 경배하므로
믿음의 씨앗을 잉태해 간다

영광은
창조주

이방의 빛으로 오신 자와 더불어
복음과 사랑의 확증이 되어
구원의 등불을 밝힌다

보냄을 입은 자는
새 하늘, 새 땅에서
새로운 피조물이 되어
사랑, 구원, 복음에 합당한 믿음으로
모든 영광을
지은 자에게 되돌려야 한다
또한
그 영광의 충만을
땅 끝까지 선파(宣播)하여야 한다

긍휼

긍휼은
생명의 빛을 잉태한다
구원의 빛
환난 중의 피난처
재생의 힘으로 다가와
이 세대에 고난 받는 자를
다시 부르고 일으켜 세운다

지은 자의 긍휼
그것은
자비의 원천이며
피조물에 대한 언약이다
언약을 이루며 사역하는
구원의 등불로 다가온 긍휼로 인하여
이웃과 가족 간의 사랑은
잉태되고 힘을 얻는다

그러므로
피조물이 지녀야 할
기쁨의 원천은
지은 자의 한량없는 긍휼을
늘 감사하며 잊지 않는
그곳에서
헤아리고 찾아야 한다

계시

창조주는
언약을 통하여
참 본질을 계시한다
계시의 언약에는
사랑, 구원, 신실, 거룩함이
가득하다

계시의 통로
그곳에는
성령의 사역이 함께하며
말씀과 복음으로
순종하게 하는 등불이 되어
삶의 조명을 밝혀 준다

계시의 말씀이 없었다면
먹고 마시고 치장하고

부귀영화
누리는 것으로
행복의 길동무를 삼아
몸고생
마음고생
영과 혼의 고생을
겪지 않아도 좋았을 것을

계시의 말씀이 있어
믿음
기도
지혜의 문이 열리고
하늘나라
영생의 소망을
가질 수 있게 되었다

계시의 말씀은
찾아온 자
찾아오지 않는 자
또는
영접한 자
버린 자
모두에게
선택의 문을 열어 놓고 있다

계시는
부서진 자아에게
신념의 둥지를 키워 주고
영혼의 무지개를 펼치게 하며
하늘의 보석으로
씨알의 꿈을 키워
거룩한 유업의 상속자에게
꿈과 희망의 날개를 펼치게 한다

예언

하나님의 계시는
예언을 이루는 바탕
운명을 바꾸는 능력
삶의 질을 변화시키는
힘과 능력을 담고 있다

살아있는 경전의 중심부에는
언제나
참 선지자들의 예언들로
채워져 있다

진리의 영을 전하는 자는
말씀의 은총을 힘입어
가능하면
예언의 언사로
하나님의 영광을
나타내는 일에 힘을 쏟아야 한다

섭리

보라,
흐름의 사연을
들어라,
만상의 고동소리를
담아라,
놀라운 섭리의 비밀을

때때로 보여지는
마다가스카르의 생물
히말라야의 눈표범
파타고니아의 너도밤나무
수심 1,000미터의 심해어
……
이들의 생명은
진화가 아닌 창조의 섭리로
채워져 있다

진화는
섭리를 찾아가는 길에서 만난 용어
만물은 섭리 안에서
생동하고 소멸한다
그것은
놀라운 창조의 신비
지은 자의 뜻이 담긴 섭리이다

기적(奇蹟)

믿어지지 않는 기적
때때로
우리 곁을 찾아온다

기적은
그것을 믿는 자에게
보여지고 다가온다
이슬 한 방울
야생화 한 송이
사막에 흐르는 강물
땅을 쪼개는 지진
꿈을 가르는 해일
삶을 휩쓰는 폭풍우
……
기적은
축복의 손길로 다가오기도 하지만
훈계의 채찍으로 나타난다

우리의 오만을 다스리는
기적의 손길
그 손길을 외면하는 자는
교만, 거만의
중심에 서 있는 자이다

소망

창조주를 경외하는 자
그에게는
창조의 사역이 보여 주는
하나하나가
소망의 근본이요, 바탕이 된다

우주의 미아로 남아
떠돌이 신세가 되지 않으려면
환난의 떡과 고생의 물을
먹고 마시면서도
지은 자의 뜻
영원한 언약을
지키는 이방인으로
소망의 근거를 잃지 말아야 한다

그처럼 갈구하는
자유의 정점은

세상사, 인간사에 찾아오는
먼지를 훌훌 털어 버리고
지은 자와 격의 없이
1:1로 소통하는 그곳에 있다
피조물은
자유의 극점에 이르기를 대망하며
하늘에 쌓아 둔 소망으로
사랑과 은혜 안에서
믿음의 응답을 이루어 가야 한다

소망의 참 목표
그것은
단독자로서
전능 자와 소통하며
그 안에서 살다가
영원한 안식과 평강이 있는
그 나라로 가는 데 있다

에녹

천상의 이끎에 따라
사랑의 동산에 거하며
인류 최장수 된 자의 아버지인 에녹,
그의 삶은 우리에게
창조주와 피조물의 관계 속에 피어난
모범적 인물이 되어
살아서 천국에 이르는 통로를 보여 주었으며
지은 자의 뜻대로 행하는 자를 사용하시는
권능자의 섭리의 힘을
보여 주고 있다

그의 생애는
수많은 수식어가 따르고 있으니
하나님과 한평생 동행한 자
죽음과 부활을 모르면서
지은 자가 친히 데려간 자
불멸의 영감과 교리를 남긴 자

평신도로 일관한 삶을 살며
실제적인 하늘나라를 일깨워준 자
믿음과 기쁨을 일상생활 속에 누리며 살아간 자
참회와 겸손이 몸에 배인 자
하나님과 영적인 교제를 나누며
영성과 예언을 남기고
이 땅에서 홀연히 사라진 자

지금도
하나님을 기쁘게 하려는 자는
에녹을 통하여
영감과 교훈을 배우며
삶의 자세를
바르게 가다듬어 갈 필요가 있음을
느끼게 된다

엘리야

에녹처럼
살아서 하늘나라로 불리어 간
엘리야는
열정과 용기가 있는 선지자
확고한 꿈과 소망을 지닌 선지자
구하고 찾고 두드리는 신념의 선지자
앞장서 그물을 던지는 선지자
길을 예비하는 선지자
윤리적 국가관이 투철한 선지자
우상숭배와 거짓예배를 무너뜨린 선지자
……
수많은 선구자적 소명을 감내해 냄으로써
때와 장소를 뛰어넘어
오늘날에도 절실하게 필요로 하는
사명의 선지자로 부각되고 있다

영광을 무너뜨리는 자를 징계하고
짓밟힌 백성을 일으키며
우상의 재단과 거짓 예언자를 진멸하는
용감한 선지자에게
까마귀와 시냇물은
음식물과 생수로
배고픔과 목마름을 달래주었다

엘리야의 기도는
빈 그릇을 채우며
죽은 아들을 살리며
가뭄 가운데 단비를 내리게 하며
강물을 갈라지게 하는
놀라운 이적과 함께
우상에 매인 거짓 선지자를 진멸시키므로
시들고 썩어 가는 땅에
새 생명이 움돋게 하는
바른길, 곧은길을 열리게 하였다

이사야

이사야
타의 추종이 미치지 못하는
말씀의 스케일과 생명력을 일러준
부름 받은 자는
선지자 중의 선지자
예언자 중의 예언자
희망과 환희의 선지자
갖가지 찬사의 수식어로
칭송되며 평가되어 왔다

이사야는
이사야 서(書)를 통하여
이방의 빛된 자
백성의 언약된 자를
일깨워 주었으며
만민의 빛된 자
영영한 언약이 된 자를

보고, 듣고, 깨닫게 해 주므로
믿음과 구원의 은총을
기쁨으로 맞이할 수 있게 해 주었다

내가 가겠나이다
다가가기를 갈망한 용기 있는
선지적 예언은
이방인의 구원
거룩한 안식일
만민의 기도하는 집
공의와 공평
겸손과 통회
그루터기가 된 거룩한 씨
……
수많은 예언의 단비는
지금까지도 목마른 자들에게
구원의 은총을
넘치게 쏟아 부어 주고 있다

신앙의 뿌리 위에 목표를 세우고
창조주의 경륜 속에서 역사를 바라보며
도덕적 타락과 부패를
주인된 자의 음성을 통하여
정화시켜 나갈 것을 일러주는
예언의 씨앗들은
날이 갈수록 생명력이 더해 감을
느끼며 깨닫게 해 준다

무엇보다
공의의 통치자인
메시야의 출현을
천년에 가까운 세월을 가로질러
명료하게 일러준
그의 예언은
창조주의 사역이
놀라운 지혜와 은혜 속에

지금도 이어지고 있음을
선명하게 보여 주고 있다

바울이
신약성경을
이루게 하는 데 기여하였다면
이사야는
성경 전체를
이루게 하는 데 기여하고 있음을
바라볼 수 있게 해 준다

이사야서에서 보여 준
다양한 문체
풍부한 용어
언어의 생명력은
이 책이
단순한 추상적 예언서가 아닌

하나님의
일관된 사역
투명한 역사관
종말론적 예언을 통하여
구원의 사역이
변함없이 이어져 오고 있음을
바라볼 수 있게 해 주고 있다

이사야는
애통하는 눈물
자애하는 마음으로
부패한 자의 타락을 안타까워하였으며
자고한 자의 교만을 미워하였으며
지은 자의 사랑과 은총을 버린 자를
질타하므로
창조주의 섭리와 구원을
일깨워 주려는 일념에
그의 수고를 아끼지 않았다

이사야
그의 삶은
참으로
사랑의 하나님
공의의 하나님
인류 역사에 편재하는 하나님을
보고, 듣고, 일깨워 주는 일에
한평생을 바칠 수 있게끔
부름을 받은
소명자, 사명자의 삶이었다

2.
십자가의 도는
세상이 구하지 못하는 놀라운 은총이 함께하므로
하늘나라 가는 길의 살아있는 푯대로 다가온다
십자가의 길은
거부하는 자에게는 저주의 징표이나
받아들이는 자에게는 영광의 상징이다

태초의 소리 · 씨알의 소리

안디옥

거룩한 영이 임하는 이방의 땅
그곳에
높은 곳의 손길이 함께하였다

그 손길은
새로운 땅에
은총의 빛
은혜의 풍성함으로
이방의 빛된 자를 전파하여
율법의 종지부를 찍게 하고
주인 잃은 나그네들로 하여금
복음의 은혜를
영접하는 자들로 이끌어 갔다

안디옥은
버려진 땅에서 새롭게 거듭나므로
이방의 구원을 이루게 하는

첫 열매를 맺은 곳으로
동서 문화의 융합을 이루며
최초의 이방인 교회를 세우는
놀라운 사역이 함께하는
축복의 땅이 되었다

오늘날
땅들은 황폐해지고
그때의 열정은 시들어 갔지만
이 땅은
그리스도인의 첫 열매를 맺게 하였으며
이방 선교의 교두보가 되어
이방인에게도
구원의 은총이 함께함을 알려 주므로
구원의 열매를 맺게 해 준 곳이었다

무엇보다 안디옥은
창조주의 영광
이방의 빚된 자를
열방에 선파하는
믿음의 일꾼들로 하여금
순교까지 감내할 수 있도록
다가올 관문을
미리 일러 준 곳이었다

빌립보

빌립보는
복음의 열매를 맺어 준
영화로운 땅이었다

교회와 신도들은
성령의 권능이 부여한
소명감, 사명감을 이루기 위하여
그리스도를 향한 일편단심
믿음의 사역을 위한 결단과 용기
식지 않는 열정과 겸손한 마음으로
복음의 진보를 펼쳐 나갔다

그들은
잡힌바 됨을 잡는 자의 순종
능력자 안에서의 일체의 가능성
자유자가 되는 은총의 비결을
터득하고 감내하므로

영원히 있는 자
이방의 빛으로 온 자의
놀라운 생명의 비밀을
열방에 심어 주며
열매 맺도록 해 주었다

빌립보는
오늘날
버려진 땅으로 그곳에 있지만
복음의 진보를 이방의 땅에 전해 준
축복의 땅으로
믿는 자의 기억 속에
언제나 남아 있을 것이다

갈라디아

땅은 로마에 속해 있었지만
복음의 씨앗은
로마를 떠나
영토 밖으로 솟아 올라갔다

이방의 땅
버려진 땅에
생명의 복음이 들어가므로
축복의 땅
잊혀지지 않는 땅이 되었다

갈라디아 교회들에게 보내진
갈라디아 서(書)는
율법과 은혜
행위와 믿음
구속과 자유를 통하여
이방인에게도

구원의 문을 열어 주는
축복의 통로가 되었다

축복의 땅은
율법의 행위에서
믿음의 은혜로
자유의 풍성함을 넓히며
구원의 참 빛을
바라볼 수 있게 해 주는
놀라운 은혜와 은총으로
우리를 감싸주고 있다

실로암

그 연못에 가서
씻으면 나을 것이니
의심하지 마라
불신하지 마라
기적은
믿음과 순종이 있는 곳에
꽃을 피운다

온전함을 좇는 곳에는
숨은 뜻, 감춰진 의도가 있으니
과정을 경시하지 말며
그 의도와 참뜻을
마음의 판단이 이르는
깊은 곳에 물으며
조용히 되새겨 보아야 한다

그것이

숨은 지혜의 샘이 되고

복을 부르는 길에 이를 수 있으니

그 길을 가므로

은혜의 배신

감사의 버림을 멀리하고

믿음의 회복

기쁨의 되찾음을

이루게 하는 길임을 알게 된다

그리스도

그리스도는
오직
한 분이다

오늘날에도
그리스도를 빙자하는 자들이
도처에 널려 있다
그들은 대부분
적그리스도이다
많은 사람들이
구세주인 양 하면서
그리스도를
두 번 십자가에 못 박는 일에
알게 모르게
동참하고 있다

그들로부터는
십자가의 능력
남을 위한 희생
어느 것 하나
찾아볼 수가 없다

그리스도는
태초부터 있던 자
하늘의 영광, 땅의 평화를 전한 자
성령이 처음 임한 자
길, 진리, 생명 되신 자
영생을 심고 성령을 받게 하는 자이며
또한
이방의 빛, 백성의 언약이 되신 자
은혜의 때와 구원의 날을 전한 자
하늘나라의 기업을 상속하게 하는
권능을 가진 자이다

그리스도
그를 닮고 따라가는 길은
우리의 믿음 안에
그의 은총의 손길이 함께할 때만이
가능한 일이다

은혜

은혜는
율법의 대칭이다
예가 아닌 도(道)
용서보다 값진 사랑
질서 앞에 있는 화합으로
구원의 사역을 이루게 하며
그 길로 인도하는 밑거름이다

율법은
은혜를 뛰어넘지 못하며
포용할 수도 없다
은혜는 율법을 가로질러
얼싸안을 수 있다

은혜
그 바탕은
지은 자의
사랑과 도(道)이다

십자가

십자가는
세상을 이기는 힘
하늘나라 가는 통로
영생을 얻는 길
구원의 등불
부활의 능력으로
우리들을 맞이한다

십자가의 도는
세상이 구하지 못하는
놀라운 은총이 함께하므로
하늘나라 가는 길의
살아있는 푯대로 다가온다
십자가의 길은
거부하는 자에게는 저주의 징표이나
받아들이는 자에게는 영광의 상징이다

십자가의 길에는
추함, 시듦, 멸시, 천대, 고난과 징벌, 순교,
간고와 질고, 찔림, 상함, 징계, 함구,
대속, 채찍이 따르나
감사, 평화, 충만, 은혜, 자유, 사죄,
존귀, 긍휼, 기쁨, 치유, 회복, 보상, 생명으로
거듭나게 하는
놀라운 능력이 함께한다

십자가는
언제나 누구에게나
이방의 빛으로 온 자의 표상이 되어
따르는 자에게
세상의 도와 어리석음을 이기게 하므로
우리를
영생의 길로 인도하는
견고한 지팡이 역할을 해 준다

영생

삶도 제대로 모르면서
죽음 후를 맛보려 하는 자
생명, 부활, 영생을
마음에 담기 때문이다

죽어도 살겠고
영원히 죽지 않는 자
부활의 아침은
몸, 혼, 마음, 영의
죽음으로 말미암아
주어진 자에게
영생의 기쁨으로 찾아온다

생명의 영원성은
유전자 전이
종족 보존과 같은
생태계의 강물을 뛰어넘어

단절의 죽음에서
재생의 삶으로 인도하는
소망의 끈이 이어진 것
그것은
생명의 등대가 일러주는
살려 주는 영
부활의 첫 열매
영생의 샘물
이들 지침을 받아들이고
확실히 믿으며
영생의 자녀로 거듭날 때
영원한 영광의 품 안에서
확실하게 이어져 간다

성령

성령의 사역은
단순하게 임한다

성령은
하나님의 신
거룩한 영
진리의 영
보혜사 성령으로
만민의 빛
만민의 언약으로 오신 자를
믿고 따르는 자에게
권능의 손길로 찾아온다

성령이 함께하므로
거룩하게 된 자
진리에 동참하는 자
거듭난 자가 되어
새 생명을 이어갈 수 있다

참으로
성령의 사역 안에 있는 자는
뜻한 바를 이루며
모든 것을 할 수 있다

비결(秘訣)

몸
마음
영혼에
돋아난 가시
찔리고
상처 내며
피 흘리게 하는
가시
그 아픔을
견디고
이겨 내며
뛰어넘을 수 있게 하는
일체의 비결

낮은 자
빈핍한 자
비천한 자

그들이 건너야 할
가난과 질병
시련과 고난
또한
높은 자
부유한 자
귀한 자
그들이 누리는
안락과 평강
희락과 즐거움
어느 때 어느 곳에서나
모든 것 위에
소생의 꽃을 피우게 하는 비결

그 힘과 능력은
거룩한 영의 손길이
인침을 받은 자에게 내리는

은혜의 풍성함과
긍휼의 은총 때문이다

소명자(김命者)

소명자는 사명자이다
부름을 받은 자
응답을 보는 자
들려올 때까지 기다리는 자
그는 외친다
내가 여기 있나이다
나를 보내소서
내가 가겠나이다

소명자는
모든 것을 바쳐
사명을 감내한다

드리기만 하면

그들에게는 향기가 없다
양면성의 이해 결여
탐욕, 이기심, 무지의 포로
잃어버린
십자가
좁은 문
골방기도
또한
낮은 곳으로 찾아오는 음성
가난한 자에게 내려지는
은총의 축복이 없다

번져 가는
얼굴 찡그림
분쟁의 씨앗
적대감의 잉태
충(忠), 효(孝)를 버린 자

이웃사람을 잃은 자의 무리들
그들은
지은 자에게 드리기만 하면
모든 것을 얻을 수 있다는 생각에
깊이 함몰된 자들이다

드리기만 하면
그것은
지은 자의 의도와는
아무런 관계가 없는
훼방하는 자들의
뒤틀린 열정의 산물이다

건너가라

맡기라
의지하라
위탁하라
지경을 넓히며

떠나가라
허물, 허망, 죄악을
의심, 미혹, 갈등을
판단, 평가, 비판을
나그네, 방랑자, 유랑 신세를
시기, 질투, 미움을
……

맞이하라
길을 잃지 않고
머뭇거리지 않으며
귀신에게 놓인 자가 되어

피난처를 얻으며
영원한 빛의 품속을
생명 샘이 있는 시냇가를

쫓아가라
거룩한 성일, 안식일을
살아있는 예배를
구원자로 찾아온 목자를
……

건너가라
어둠이 내리면
건너갈 수가 없으니
건너가므로
영원한 나라를 품으며
영영한 언약이 되신 자
그와 동행할 수 있다

그물을 던져라

사람을 낚는 어부
그물이 바뀌기 이전에는
중심축이 소실된 방랑자로
길 잃은 나그네가 되어
고독한 겨울의
빈껍데기 열정에
시달리고 있었다

그물이 바뀌어 버린
그 후
새롭게 살아난 영혼은
응답을 보는 자
선택된 자가 되어
영의 소리를 들으며
빛을 간직한 자로
되살아났다

그곳에
그물을 던져라
놀라운 신화는
불평과 원망을 멀리하며
믿음과 순종이 있는 자에게
변하지 않는 신뢰와 확신을 안고
힘과 능력의 현실로
가까이 다가왔다

좁은 문 · II

좁은 문은
마음과 영이 가난한 자
남을 위해 희생을 감수하는 자
십자가의 길을 좇아가는 자
하늘나라 가는 길의 통로를 열려는 자들이
지나가는 문이다

좁은 문을 통하여
버려진 자와 동행할 수 있는 힘
섬기는 자의 충성
가난한 자의 친구
은밀한 기도의 능력
모든 것이
나에게 친밀감으로 찾아오며
어려움을 감내할 수 있는 힘을 얻게 한다

천국 보화를 찾아가는
좁은 문은
치유와 구원의 결실을 얻게 해 주고
버려진 자, 고난 받는 자에게
보응을 받게 해 주며
하나님의 인치신 자로 살아가게 하는
응답을 이루는 자의
복된 자손으로 거듭나게 해 준다

우리 모두
지금은 힘이 들겠지만
좁은 문으로 나아가므로
무너진 기초를 다시 쌓으며
지은 자의 긍휼이 함께하는
존귀함을 얻는 자로 살아가야 한다

이 땅의 사람들 · II

거룩한 영의 사역은
시공(時空)을 초월한다
오로지
앙망, 영접, 순종, 경외하며
거룩한 영을 믿는 자에게
그 사역은 함께한다

이 땅에는
하늘의 마음, 백성의 마음을 아는
많은 선각자들이 있었다
그들의 삶은
지경과 한계를 뛰어넘어
우주를 품으며 살아온 자들이다
순교자의 선구자 — 베드로 이승훈
임금 중의 임금 — 세종대왕
선비 중의 선비 — 율곡 이이
애국자 중의 애국자 — 삼우당 문익점

명장 중의 명장 — 충무공 이순신
명의 중의 명의 — 전의 허준
지혜자 중의 지혜자 — 다석 유영모
……

그들은 생애를 통하여
진심으로 생명의 길을
찾고 구하며 살아왔지만
피와 땀을 흘리며 수고하고
고난과 시련의 전쟁을 치르며
인고의 세월을 보낸 아픔이
제대로 된 평가를 받으며
결실을 맺지 못함은
그들의 수고와 아픔이
살리는 영의
본체에 매어 있지 못하고
가장자리, 그림자에
매어 있었기 때문이다

이제는 진정으로
창조하고 조성한 자를 바르게 찾아
거룩한 영의 손길 속에 매어 있으므로
이 땅의 사람들로만 살아가는
갇힌 삶을 벗어나
영원한 생명이 함께하는
만민의 사람으로 평가받는
축복된 삶을 살아가야 한다

새벽 · II

어머니의 새벽기도
즐거우나 괴로우나
가문의 영광을 위하여
낮이나 밤이나
자녀들의 보람된 삶을 위하여
맑으나 흐리나
어머니의 새벽기도는
한결같이 변함이 없었다

찬송 · II

만상은
찬송의 열기로 가득하다
광야에 강을 내며
바위에서 생수를 솟게 하는
창조주를 찬송하므로
영원히 소멸되지 않는
구원의 은총을 누릴 수 있게 하기 때문이다

찬송이 없는 자는
영혼의 노래가 고갈되어
가슴에 응어리진
한(恨)을 토해 낸다
창조주를 영접하며
찬송하므로
한의 가슴앓이를

은혜의 평강으로
가난과 질병의 고통을
풍성함과 강건함으로
슬픔과 원망을
기쁨과 감사로
고난과 환난의 때를
꿈과 희망의 때로
바꾸어 가야 한다

찬송은
지은 자의 은혜에 감사하며
영광을 바치는 거룩한 노래이다
피조물은
언제 어느 곳에서나
찬송, 찬양, 송축, 찬미를
잃지 말아야 하며
창조주를 향한

영혼의 노래를 힘껏 외치므로
기적을 낳는 은총의 능력이
찬송의 열매로 솟아나게 해야 한다

머리 둘 곳

땅의 왕국을 버린 자
삶의 상급과 보응을
땅에서
쉽게 찾지 못한다

꿈이 높고 멀리 있으므로
귀양살이
순국
십자가
순교의 길을 가며
몸과 영혼을
울부짖는 붉은 피로
물들게 한다

그의 길에는
끝내
머리 둘 곳이 없었다

양면성

양면성의 의미
그 속에는
의미 중의 의미가 있다

"버리는 자―훼방하는 자
심판―구원
분쟁―화평
사탄―천국열쇠"
……

지은 자의 의도는
양면성을 통하면서까지
우리에게
사랑의 씨앗을 뿌리며
가까이 다가온다

3.
그곳은
태초의 말씀이 살아있고
처음부터 있었던 자의 충만으로 넘치며
지은 자의 영광이 강물처럼
피조물의 평강이 시냇물처럼
언제나 평화와 밝음이 소멸되지 않는 곳이다

태초의 소리 · 씨알의 소리

순교(殉教)

순교
그 길은
좁은 문을 건너간
선택된 자의 길이다

그 길의 종점에는
최후의 승리를 쟁취한 자의
영광의 면류관이
기다리고 있다

순교가 있어
사람과 땅이
사랑을 나누며
믿음과 소망으로
평화를 누린다

영광 · Ⅱ

피조물은
창조주의 사랑과 은혜에 감사하며
그 영광을 위하여
앞다투어 찬송하며 헌신한다
열려진 귀를 가진 자는 들으며
볼 수 있는 눈을 가진 자는 보며
깨달을 수 있는 마음을 가진 자는 깨달으며
그 영광의 본체를 대망하며
살아가야 한다

제석봉의 눈꽃 핀 고사목은
이미 죽음을 맞이하고서도
겨울밤의 은하수를 머리 위에 이고서
내일의 새 생명을 그리워하며
지은 자의 영광을 송축하고 있으며

금봉화로 불리기도 하는 봉선화는
한해살이를 마다하지 않고
자주색, 흰색, 붉은색으로 치장하여
초가을 저녁 황금 낙조를 온몸에 받으며
지은 자의 영광을 송축하고 있으며

한평생 자라도 키가 한 자도 안 되는
논병아리
작은 몸으로 잠수와 헤엄을 익혀
찟찟 끼르르, 삐잇 삐잇
지은 자의 영광을 송축하고 있으며

바이칼 호수에서 살아가는 물 표범
북극권에서 단련한 강인한 생명력을 이어 오며
그들만이 아는 침묵의 대화로
지금도 한결같이
지은 자의 영광을 송축하고 있으며

우드 버펄로 국립공원의
광활한 숲 위로 펼쳐진 북극광
헤아릴 수 없는 신비의 빛은
놀라운 생명의 율동으로
태초에 지은 자의 영광을 송축하고 있으며

해발 600미터가 넘는 고지대 사막에서 서식하는
다메섹의 숲들
초록의 푸르름을 잃지 않고서
한때 버려진 땅의 치욕을 멀리한 채
지은 자의 영광을 송축하고 있다

하늘과 땅
강과 바다
산과 들
어느 때 어느 곳에 있든
모든 피조물은

빛을 잃은 떠돌이가 되어
우주의 미아로 남는 것을
단호히 거부하고 있다

그들은
먹든지 마시든지
살든지 죽든지
지은 자의 영광을 송축하며
영광의 본체가 머무는 곳에
피조물의 찬송이 상달되기를
갈급하며 정성을 쏟는다
그것은
창조주가 그들을 영화롭게 하였고
은혜와 복음의 소식을 들려주었으며
구원의 손길을 펼쳐 주었기 때문이다

가난한 자

가난한 자는
황금이 부족한 자
십자가─좁은 문이 통로가 된 자
심령에 통회하는 자
마음이 겸손한 자
모든 것과 소통하는 자이다

때로는
가난은 죄의 결과로 오기도 하지만
가난의 참 의미를 잊어버린
교만한 자에게 내리는 보응으로
찾아오기도 한다

또한 가난은
대(代)를 이어 찾아오기도 하며
개인, 공동체, 국가 전체에
찾아오기도 한다

그렇지만
가난을 통해서 전해지는
생명의 말씀
좋은 친구
버려진 자의 안식
고난 받는 자의 즐거움
어려움을 이길 수 있는 자의 기쁨을
함께 나누게 하므로
물질, 영적인 양면의
더 큰 풍요를 얻게 하는
천국의 음성을 소유하는 자로
살아가게 한다

진정으로 가난한 자는
겸손한 자의 영을 소성케 하며
통회하는 자의 마음을 소성케 하는
지은 자의 은총 안에서
부자의 참 모습을 간직할 수 있다

원시림

원시림은
산 자의 음성이 넘치는 곳이다

그곳은
태초의 말씀이 살아있고
처음부터 있었던 자의 충만으로 넘치며
지은 자의 영광이 강물처럼
피조물의 평강이 시냇물처럼
언제나
평화와 밝음이 소멸되지 않는 곳이다

그곳에 거하는 자들은
몸과 마음을
씻어 깨끗하게 하며
생각과 뜻을
공평과 공의를 구하는 데 두며
찾고 구하는 것을

천한 자, 가난한 자를 위하여 쓰며
태초의 원시림을 버리지 않으므로
무너지지 않는
축복의 땅을 이어 간다

황무지

황무지는
죽은 자의 음성이 이어진 곳이다

그곳은
패역한 자와 죄인이 늘어나고
버려진 자의 패망이 넘쳐나며
전능자의 분노의 손길이 폭풍우처럼
피조물의 고통이 피의 바다처럼
언제나
죽음과 적막만이 쌓여지는 곳이다

타락에 물든 자들은
몸과 마음을
죄와 더불어 더럽게 하며
생각과 뜻을
패역함과 불의로 채우며

찾고 구하는 것을
탐욕에 빠져 뇌물을 거두며
악행을 좇아 피를 부르므로
황폐하여 무너진
저주의 땅을 이어 간다

생존자

왕은 외친다
전쟁터에서 죽지 말고
그들의 왕국으로
살아서 돌아오라고

처음
그들의 왕국은
저주의 계곡에 있는
숨어드는 자의 동굴이었으며
농축된 말씀이 사라진
어둠의 땅이었다
주린 자, 벗은 자들의 울부짖음
골육을 피하여 숨어든 자들의 창백한 얼굴
허망한 지저귐, 사사로운 소란함이
죽은 땅을 뒤덮고 있었다

어느 날 절망의 땅에
수리하고 회복하게 하는 자가 나타나
마음의 문을 닫은 자를 보수하며
안식일을 지키게 하며
신실한 언약을 굳게 잡게 하며
묶인 자를 자유케 하는
은총을 베풀어 주었다

새로운 땅에는
뇌물을 멀리하고 토색한 재물을 가증하게 여기며
악을 멀리하고 피를 뿌리지 않으므로
어두운 동굴은
빛이 있는 왕국이 되어
수많은 도시들의 등불이 되었으며
영광의 면류관을 되찾을 수 있었다

그것은
영영히 있는 자가
최후의 그루터기로 남겨둔
거룩한 씨 때문이었다

갈증(渴症)

육신의 갈증
영혼의 갈증
아직도
목이 마르다

해소되지 않는 갈증
오로지
이방의 빛으로 온 자만이
그 갈증을 풀어 주고
우리를
영원한 생명 샘으로 인도한다

버팀목
- 진리의 영은 그렇게 말했다

가난, 질병, 재난을
물리치며 피하는 길은
믿음
기도
묵상
지혜
이들을 바탕으로 한
올바른 행함이
그 밑거름이 되어야 한다

다른 길이 있다면
그것은
실체를 떠난
현상의 춤일 뿐이다 라고…

서울

반도의 도읍지인 서울
빛의 백성이 살아가는
거룩한 터전이다

이 땅은
하늘이 맺어 준
영영한 언약의 땅으로
진리에 속한 자
순종에 익숙한 자들이
공의를 이루며 살아가는
말씀에 매인 자의 땅이다

때로는
스스로 언약을 버리며
의인을 상실한 도읍이 되므로
저주가 땅을 삼키고
산 자들이 정죄를 당하며

살아가는 자들이 잿더미에 깔려
죽음의 땅을 만들기도 하였다

그러나 죽음의 땅은
죽은 자가 아닌 산 자의 영이
방종에서 순종을 되살리며
방황하는 자를
또다시 부르고 일으켜 세워
동여맨 쇠사슬, 가난과 질병
굶주림, 잃어버린 골육의
아픔에서 놓이게 하여
아침이슬 같은 평온
황혼녘의 찬란한 빛
치유와 회복을 입은 자의 기쁨을
되찾게 해 주었다

오늘날
영영한 언약을 버리지 않는
거룩한 성읍은
사람과 땅의 중심이 되어
빛의 사람이 살아가는 곳에
언약의 기둥을 곤고히 하며
이방의 땅에
말씀의 생명을 심어
영원히 시들지 않는
산 자의 도읍지를 이어 간다

평양

반도의 한쪽 축을 이루는 평양
지금은
상처 난 백성이 살아가는
고난의 땅으로 머물고 있다

백성의 언약으로 오신 자를 버린
무너진 성읍은
휘몰아치는 재앙
악한 자의 칼
죄악의 땅으로
헛된 우상
멍에의 굴레
굶주림과 질병으로
고난 받는 시들은 땅이 되었다

때가 되면 이 땅은
만민의 기호로 오신 자가 맺어 준

반도의 디딤돌이 되어
거짓된 자의 미혹과 분쟁의 씨앗을 물리치고
이 세대에 고난 받는 자의 아픔을 넘어
진리가 주는 자유를 누리며 살아가는
빛의 땅으로 되살아날 것이다

참으로
버림이 없는 찾은바 된 성읍은
정오의 햇살 같은 밝음
저녁노을처럼 평안한 평화
구속자가 되돌려 준 자유와 행복을 누리며
영광의 땅으로 다시 태어날 것이다

한 사람

하나
한 사람
하나의 씨알
의인 한 사람만 있으면
가정
사회
나라가
망하지 않는다

나 하나
나 한 사람부터
바로 걸으며
바르게 살아가야 한다

씨앗의 첫 열매
열매의 첫 결실
구원의 첫 단추

남을 바라보기 전에
나부터 열매 맺자
나 한 사람만 바로 서면
파멸은 멀어진다

코드(Code)

인간이 떠나면
숲은 원래의 제 모습을 찾는다
종교가 떠나가면
인간의 삶은
원래의 모습으로 돌아간다
인간과 종교
그들의 영광은
때때로
창조주의 영광을 능가한다
언제 어느 곳에서나
코드가 맞지 않는 곳에
문제는 또 다른 모습으로
우리들 가까이 다가온다

가면(假面)

낙원을 회복하려는 자
거짓, 위선의 가면을 벗고
참 진실의 진면목을 보일 수 있는
원래의 얼굴을 되찾아야 한다

관문(關門)

믿음의 관문
처음은
지은 자를
영접하고 믿는 것이며
다음은
이방의 빛
백성의 언약으로 오신 자
은혜의 해
구원의 날을 이루게 한 자를
영접하고 믿는 것이며
마지막은
거룩한 영
성령을
영접하며 믿는 것이다

향기

오늘, 지금, 여기에 내려지는
일용할 양식
믿음, 참회, 겸손으로 거듭나고
사랑, 영광, 은혜를 찬양하며
거룩한 영의 이끎에 따라 피어난
충성된 자의 면류관
기쁨이 된 핍박
모두가
좋은 쪽을 선택한 자가
마음껏 취하는 향기이다

그 향기는
유(有)—무(無)
상생을 부르는
자유자의 향연이 담긴
식지 않는 향취이다

룻(룻기, Ruth記)

버려진 자에게 내리는
은혜의 단비
그 단비는
복된 자손의 소생
마르지 않는 샘물이 되어
기업(基業) 무를 자*의
은총의 꽃을 피우게 한다

오순절에 낭독되는 룻기
그 속에는
민족적인 편견
이방인에게 내리는 동일한 은총
신앙의 보편주의
사랑과 믿음의 힘

---

* 기업(基業) 무를 자 : 자손을 낳아 대(代)를 이어갈 자

또한
이삭줍기의 교훈
믿음과 순종의 열매
일편단심의 소망이
은혜의 교훈이 되어
우리 곁으로 다가온다

가냘픈 잎새와 같은
연약한 여인들
그 이름은
나오미와 룻
이제 그들은
시어머니 중의 시어머니
며느리 중의 며느리
여인 중의 여인의
표본이 되어

축복의 통로
견고한 생명의 뿌리
살아있는 신앙의 열매
이들의 의미가 무엇인가를
오늘날까지 우리들에게
소상하게 일러 주는
살아있는 지침이 되고 있다

외곬

훼방 자의 어리석음을 묻어 두고
무너짐
핍박
시험 당함을 앞세운
자가당착에 빠진 허수아비는
외통길을 헤매며
끝내
외톨이가 된다

맹목적인 열정
상처 난 날개는
진리를 왜곡하며
밑 빠진 투기(妬忌) 속으로
스스로를 매몰해 간다
그것은
무지, 욕심, 독단이 불러온
무서운 외고집의 몸부림이었다

자녀

자녀에게 주어지는
사랑과 믿음
기다림과 소망으로
뿌리를 강건하게 하고
견고한 성을 쌓으며
축복의 통로를 이루어
그들을
하늘이 맺어 준 자
사랑과 기쁨이 함께하는 자
열매 맺는 씨앗으로
자라나게 해야 한다

자녀들을 노(怒)하게 하지 말며
언제까지나
둥지에 붙어 있는 자
지은 자와 함께하는 자로
자라나게 하며

또한
복된 자손의 소생
응답을 보는 자
태와 복중에서까지 선택된 자
빛을 이어지게 하는 자로
성장하게 해야 한다

그렇게 하므로
후손과 후손으로 이어지는
은혜와 은총의 말씀이
솟아나는 샘물처럼
그들의 삶 속에 살아있어
폭설과 비바람에도 무너지지 않고
영원토록
이어져 갈 것이다

골육(骨肉)

너희는
떠나지 마라
버리지 마라
원수 맺지 마라
높은 곳의 뜻과
경배를 이루기 위하여
청결하라
가시를 제거하라
화평하라

골육
골육지친
그들을 위하여
저주를 받고
빛에서 끊어질지라도
달게 받겠노라

또한
그들을 피하여
숨어들지 않겠노라

지은 자의 계획
참된 예배에 대한 서술은
광야 같은 삶의
맨 앞줄에 놓인
기본의 하나였다

회복

찾아온
궁극적인 회복
구속에서 벗어나
참회와 겸손으로
마음과 영을 소성시키며
사막을 오아시스로
척박한 땅을 기름진 땅으로
메마른 광야를 생명 샘으로
회복시키는
그 힘과 능력으로
너희는
복음으로 돌아오라
공의와 공평을 갈망하라

성령의 이끎 속에
진리의 영으로 자유를 구가하며
환난 중의 피난처를 얻으며

아침 햇살처럼
거룩한 백성으로
버리지 않는 성읍으로
백합화처럼 밝은 얼굴로
모두에게
밝음을 잉태케 하며
새 생명을 부여하는
권능의 손길 안에서
회복의 은총을
감사와 기쁨으로 맞이해야 한다

4.
천국을 동경하는 자
빛과 언약으로 오신 자를 영접, 경외하며
그와 더불어 함께하므로
영영한 현재인 바로 그곳에서
천당, 하늘나라를 보고 알며
깨달을 수 있게 될 것이다

태초의 소리 · 씨알의 소리

믿음의 길

그곳에 가면
황금을 얻을 수 있다
그러나
갈 수 없다
이 길에 잡혀 있기 때문이다

믿음의 길은
따라가는 길이지만
보이지 않는 손에 잡혀 가는 길이다

만민의 빛으로 오신 자여
뒤돌아보고 허우적대며
이 길을 가는
연약한 자를
불쌍히 여겨 주시옵소서!

발효

사막에 꽃을 피게 하고
광야에 향기를 실어 오는
은혜의 단비
오랜 인고를 통하여
성숙의 옷을 입고
귀한 향미를 가져다주는
숙성된 열매

발효의 힘은
믿음의 진수(眞髓)를 잉태하며
부모와 가문의 영화를 불러오는
숨어 있는 능력이다

그들은 오늘도
썩어 열매를 맺게 하고
변하여 거듭나며
일상을 채우는

언어

태도

방식(方式)을 통하여

설익어 맛을 잃은

풋과일이 아닌

잘 익고 숙성되어

참맛을 내는 과일로 자라게 하는

보이지 않는 힘으로

그곳에 머물고 있다

혼자(單獨)

버려진 자의 길은 외길
그 길에는
어둠의 그림자가 난무하고
사악한 무리들은
광란의 춤판을 벌이며
악마의 코
마귀의 발톱으로
무장한 자가 되어
외로움과 고독에 시달리는
혼자된 자의 왕관을 짓밟으며
순교의 길을 강요한다

영광의 문을 통하는
꼭짓점에는
천국의 전령사가 가져온
하늘의 음성
거룩한 영의 소리로
환희의 감동이 이어진다

왜 나를 버리셨나이까?
종말론적 이룸의 완성을 보며
홀로된 자의 절규는
외로운 자의 울부짖음이 되어
바라보는 자의 귓가에
진정한 구원의 북소리를 울리며
최후의 승자에게 주어진
영생의 면류관을 쓰고서
우리 앞으로 다가온다

소망교회 성도의 묘

이곳은
죽은 자는 살겠고
잠든 자는 깨어나며
산 자는 영원히 죽지 않는
십자가의 도를
믿는 자들이
부활의 아침을
맞이하기 위하여
잠들어 있는 곳이다

봄바람
가을 꽃향기
나비들의 율동
……
모든 자연의 속삭임은
고요한 자장가가 되어

그들의 영혼에
위안을 실어다 주며
방문객들의 찬송과 기도는
그들의 잠든 영혼에
안식과 평강을 가져다주고 있다

소망교회 성도의 묘역에는
오늘도
영원히 시들지 않는
잔잔한 찬송의 강물이 흐르고 있다

소망교회

교회 중의 교회인 소망의 제단
이곳은
세상 영화에 매이지 않으며
믿음의 푯대를 좇아가는
소망의 사람들이 모인 곳이다

침묵 가운데서도 소통이 이루어지는
소망 예배당은
영혼의 심층부에
은혜의 단비와 천상의 소리를
내려 주며 들려주는
창조주에게
그 영광을 찬양하는 터전으로
언제나
성령이 더불어 역사하시며
믿음과 복음의 씨알을
열매 맺게 하고
성장시켜 나가게 하는 곳이다

죄와 사망의 그늘진 곳에서
구원의 때를 갈구하는
우리들 모두는
겸손한 자
통회하는 자
믿음의 전신갑주를 입은 자로
살아가며 자라나게 하는
소망의 제단 안에서
소멸되지 않는 복음의 진보를 되찾아
변함없이
구세주의 영영한 언약을
굳건히 지켜 나가며
구원의 은총을 입은 자로 살아가야 한다

소망교회는
한결같이
믿음과 순종으로

정체되지 않고 새롭게 거듭나며
단절되지 않는 소통으로
메마른 영혼에 생수를 공급하고 있다
진실로 이곳은
창조주의 영광을
세계만방에 선파하며
만민이 함께 기도하는 집으로
성령이 친히 사역하며
이끌어 나가는
구원과 은혜가 살아있는 곳이다

동인교회

반세기 전의 그곳에는
지은 자의 숨결
잡힌바 되게 하는 자의
힘으로 넘치는 소리가 있었으니
그 음성은
복음
이방의 빛
영영한 언약
영원한 빛으로
우리에게
믿음의 씨알을
심어 주는 음성이었다

광풍과 비바람을 이겨 내며
빛을 발하던
지붕 위의 가난한 십자가는
가난, 질병, 전쟁의 상흔 속에서도

아픔과 시련과 인고의 세월을 넘어가게 하는
무너지지 않는 푯대가 되어
우리들을
믿음의 성도로 성장하게 해 주었다

창립목회자, 그 자녀들과 신도들
젊은 가슴속에
믿음과 사랑을 심어놓고
어디론가 떠나가 버리고 없지만
지금은 어느 곳에서 무엇을 하고 있는지
때때로 그 모습은
가슴속 영상 속으로
되살아날 때가 있다

진실로 태초의 소리가 살아있었던
동인교회
반세기 전의 그 예배당은

찬송이 하늘에 사무쳤으며
지은 자의 영광을 찬미하는
뜨거운 열정과 기도는
삶을 변화시키는
힘과 능력을 잉태케 하므로
믿는 자들에게
하늘의 영광과 존귀를
목도하게 해 주는
은혜와 권능이 살아있는 교회였다

문암교회

함박눈 송이가 만물을 감싸 안듯
거룩한 영의 눈송이로 충만한
믿음의 터전
이곳은
거짓 선지자가 없고
거짓 인도자가 없어
기도는 높은 곳에 상달되고
찬송은 은혜로 차고 넘친다

하늘의 영광, 땅의 평화가 이어지는 곳에
공평과 공의의 하나님은
적은 신도 수
좁고 낡은 공간
나이 들고 가난한 신도들에게
은총의 풍성함으로
믿음의 사명을 이어 가게끔
변함없이
역사하여 주신다

심령이 가난한 자들이 모여
예배하는 곳에는
무너지게 하는 자
시험에 들게 하는 자
핍박하는 자
훼방하는 자가 없어
충성을 다하는 믿음의 사람들은
한 세기를 이어온 예배당 안에서
오지의 외로움과 고독을 잊어버리고
오로지
지은 자의 영광과 빛을 나타내기 위하여
예배, 기도, 찬송하며
오늘도
생명의 교회당 종소리를
높고 멀리 울려 보내고 있다

천국

천국은
이곳과 저곳
이때와 저때
시작과 끝이 없다

천당이란
하늘
땅
마음
시간과 공간의 구분 없이
만민의 빛
영영한 언약이 되신 자
그분이 함께하는
그곳에 있다

하늘나라는
지난 일

다가올 일
과거
미래가 없다
있는 것은
영영한 현재
그것만이 존재한다

그러므로
천국을 동경하는 자
빛과 언약으로 오신 자를
영접, 경외하며
그와 더불어 함께하므로
영영한 현재인
바로 그곳에서
천당, 하늘나라를 보고 알며
깨달을 수 있게 될 것이다

은총

창조주의 은총은
소망과 찬송의 원천
겸손과 찬양의 밑거름
의롭다함을 얻는 열쇠로
우리에게 다가온다

언약을 통해서 찾아온
은총과 은혜는
십자가를 통해서 성취되어
사랑과 긍휼의 베풂으로
우리와 함께한다

이제
죄, 심판, 율법의 때를
가로지르며 찾아온
은총과 은혜의 때

그때를
진심으로 감사하며
늘 기쁨으로 맞이해야 한다
그곳에
우리의 참 구원은
이어져 간다

성경

성경은
경전들의 중심부에서 사역한다
성경의 말씀은
"……

살았고 운동력이 있어
좌우에 날선 어떤 검보다도 예리하여
혼과 영 및 관절과 골수를
찔러 쪼개기까지 하며
또 마음의 생각과 뜻을
감찰하나니
……"

성경의 가르침은
예언, 계시, 역사성을 지닌
언약의 말씀으로
그 말씀을
앙망, 경외, 영접하며

믿는 믿음이 살아있을 때
나와 함께한다

창조

창조주의 창조
그것은
모방이 숨어 있지 않은
창조의 처음이다

창조의 길은
무에서 유
유에서 무
헤아릴 수 없는
신비가 숨어 있다

빛도 짓고 어두움도 창조하며
평안도 짓고 환난도 창조하며
행하는 자는
진정
창조의 본체이다

살아남으려 하는 자
영원히 살려 하는 자는
지은 자의 음성을 듣고
만듦에 동참하는 자가 되며
그 길에서 떠나지 말아야 한다

묘비명(墓碑銘)

한평생
지은 자
말씀
그와 함께 동행한 자가
부활의 아침을 맞이하기 위하여
이곳에
잠들어 있다

사랑

처음 사랑으로
창조주 사랑
이웃 사랑
몸, 목숨과 같이

사랑은
허물, 미움, 모함, 한(恨)
배신, 율법의 올가미, 옭매인 원수
……
모든 것을
용납하고 용서한다

예배(禮拜)

가자
예배가 있는 곳으로
그곳에서
예배를 드리기 위하여

참된 예배가 있는 곳
그곳에는
죽음이 물러가고
영생이 찾아오며
부활의 아침이 다가온다

기도

믿음을 따라 가는 길에
마지막까지 함께 동행하는 것
그것은
기도이다

지은 자와
교제하며 동행하기 위하여
찬송과 간구로써
기도의 밧줄에 매달리는 것은
그 힘과 능력을
믿기 때문이다

오, 지은 자여
간구하는 종의 뜻을 받아 주시옵소서!
찬양하는 종의 뜻을 이루어 주시옵소서!

선파(宣播)

몸을 버려서까지 이루려는
선교, 전도의 힘은 어디서 오는가?
"내가 너희들에게 징조를 세워서
부름 받은 그들이
나의 영광을
열방에 선파하리라"

부름 받은 자의
사명, 소명, 용기, 열정은
세상의 그 무엇보다도 힘이 있기에
상급과 보응을 뛰어넘고
한계와 지경을 가로질러
땅 끝까지 찾아가 선파하려 한다

소명자는
성령의 사역과 징조
그들을 불렀고 보냈으며 이루게 하는 자를

알고 깨달아 받아들이므로
고난과 시련을 뛰어넘어
충성스러운 심부름꾼으로
주어진 사명을 감당하려 한다

선파를 체험하는 자는
하나님은 살아계셔서
오늘, 지금, 여기, 현장에서
친히 역사함을 알게 된다
그러므로 선파는
영영히 있는 자의 손길 속에
언제나 쉬지 않고
끝날, 땅 끝까지
이어지고 있다

새 하늘, 새 땅

죽은 자가 살겠고
산 자는 죽지 않는
영원히 산 자의 땅
소경이 보며
귀머거리가 들으며
죽은 자가 살아나는
영광이 목도되는 곳이다

산 자의 하나님이 함께하는
그곳에는
영적 싸움에서 승리한 자들이
공평과 공의를 송축하며
태초의 하늘
상고의 땅을
가난한 마음과 통회하는 심령으로
찬미하며 찬양하는 소리로
넘치고 있다

이제
존재의 충만으로 넘치는
새 하늘, 새 땅에 거하는 자는
이전 것은 흘려보내고
새롭게 솟아나는 생수와 함께
영원한 기쁨과 즐거움으로
새 날을 맞이해야 한다

부활

창조의 첫 열매는 생명
멸망의 마지막은 죽음이니
생명
죽음
그 끝자락에 있는
부활의 아침이 없다면
순종의 모든 것은
외로운 나그네 신세

세상을 떠나갈지라도
아무런 염려하지 마라
"다 이루었다
세상을 이기었노라"
다 이루고 세상을 이긴 자의
권능의 손길은
부활의 아침을 맞이하여
믿고 영접하는 자를

영원한 생명 샘으로
인도해 주기 때문이다

부활
그 권능의 힘은
언제나
믿음과 복음의 핵심이다

거룩한 영

당신만을 쫓아가다
세상에서 꼴찌가 되었습니다

당신만을 바라보다
세상에서 쓸모없게 되었습니다

당신만을 닮아가다
세상에서 바보가 되었습니다

당신만을 소망하다
세상에서 가난하고 천한 자가 되었습니다

그렇지만 바라옵기는
영원한 나라 그곳에서는

첫째가 되기를 간구합니다
부름을 받은 자가 되기를 소원합니다

천재로 되살아나기를 바랍니다
부유하고 귀한 자가 되기를 앙망합니다

안식(安息)

안식일(安息日)
주일(主日)
성일(聖日)을
거룩하게 지켜라

그 길이
영원한 생명
무소부재의 능력
믿음과 은혜의 열매
참된 안식을
얻고 이루게 하는 지름길이다

태초의 소리 · 씨알의 소리

태초의 소리
씨알의 소리
하나의 소리

그것은
이방의 빛
백성의 언약
만민의 빛
영영한 언약이 담긴
그 소리이다